Fred Endres
Maximen der Nähe

AF285751

Fred Endres

Maximen der Nähe

Impulse für ein erfüllteres Leben

Alle Rechte vorbehalten
Schrift: Garamond 11
Umschlagentwurf: Horst Kämmer, Leutkirch
Herstellung:Books on Demand GmbH 2002
Printed in Germany
ISBN 3-8311-3937-7

Inhaltsverzeichnis

Meine lieben Wärme
suchenden Mitmenschen!

Ein Buch muß die Axt sein für das gefrorene Meer in uns. So fühle ich mich von Franz Kafka angerührt, um zu versuchen, meine Defizite aufzuarbeiten, die sich in fünf Jahrzehnten angestaut haben. Solange ich daran nur mit dem Verstand arbeite, fehlt mir die Liebe. Ich muß mich befreien von krankmachenden Verhaltensweisen und anerzogenen Denkmustern. Wenn ich mich nicht mehr vor den Ängsten fürchte, werde ich nicht länger Opfer meiner Aggressionen, sowohl jener andere verletzenden nach außen, wie der selbstzerstörerischen nach innen.

Wir Menschen scheuen den Weg der Selbsterkenntnis, weil wir ahnen, daß die eigenen Abgründe uns verschlingen könnten. Leben hat nicht nur Wunsch-, sondern auch Aufgabencharakter. Das Leben selbst ist es, das dem Menschen Fragen stellt. Mehr als selbst zu fragen, ist er der vom Leben Befragte. Er kann dem Leben antworten, sein Dasein ver-antworten.

Ist dieser Satz nicht eine Zu-Mutung? Ja, er ist es. Er mutet uns zu, nicht nur wohlstandsorientiert und hedonistisch zu fragen, welche Bedürfnisse und Wünsche wir haben, sondern auch danach, welche Aufgaben der Mitmensch, das Leben für uns bereithält. Zu-Mutung ist die wunderbare Er-Mutigung, frei zu handeln, weil etwas notwendig geworden ist.

MAXIMEN DER NÄHE versuchen, Visionen aufzuzeigen. Visionen sind keine Utopien, sondern Anleitungen zu eigenen Handlungsmöglichkeiten. Dieses Buch gibt keine Antwort auf Lebensfragen. Es enthält mögliche Wegweiser. Schilder zeigen Wege, die wir alleine gehen können.

Wunder dieser Welt entstehen nur dadurch, daß wir etwas anderes tun als allgemein üblich. Was war Ihr Lebenssinn, werden Sie mich vielleicht fragen? Ich wurde in einen Traumberuf hineingewählt und hatte Erfolg. Aber meine Hausaufgaben blieben unerledigt. Ich fand keine Zeit mehr, Sinnfragen nachzuspüren, weil ich mich seelisch kaltstellte, durch Aktivitäten betäubte – und dies unter dem Deckmantel des vermeintlich öffentlichen Interesses.

Das Scheitern einer jahrzehntelangen Beziehung und die Trauerarbeit daran haben mein Denken nachhaltig beeinflußt. Gefühle fuhren Achterbahn. Verzweiflung und Ekstase wechselten sich ab. Diese Verlustschmerzen ließen mich reifen. Meine Lebensschwäche war, zu wenig NÄHE gegeben zu haben. Dabei wollte ich Macht haben über andere, weil ich ohnmächtig in mir selbst war.

Je mehr ich mich jetzt beruflich und privat mit Menschen beschäftige, an der Weiterentwicklung meiner und ihrer Motivation, der ganzen Persönlichkeit und einer emotionalen Ausstrahlung, desto mehr wächst in mir die Hoffnung, daß Leben besser gelingen kann. Ich staune darüber, weil meine Elterngeneration – ich bin Jahrgang 1941 – eine affirmative Sicht selten vermittelt hat.

Menschen unserer Zeit würden weit weniger an sich und ihrem Dasein leiden, wenn sie Ahnung von einem erfüllteren Leben hätten. Grund für unangemessenen Umgang miteinander ist die destruktive Haltung. Wir haben ein Jahrhundert hinter uns gelassen, in dem Begrenzungen und Abgründe des Menschen offenbar wurden.

So verständlich und notwendig Auseinandersetzungen mit eigenem Versagen auch sind, wir müssen mehr den Blick zum Positiven wenden. Es ist das Grundgesetz der Schöpfung, daß ein Mensch sich erst dann wirklich entfaltet, wenn man an ihn glaubt und wenn er Hoffnung für seinen Weg entwickeln kann. Liebevolle Kindererziehung und vertrauensbildende Begleitung unserer Jugendlichen sind Voraussetzung dafür. Sie ermutigen, die Kraft der NÄHE in unseren Herzen aufzuspüren, sie auszugraben, wenn sie verschüttet war, sie zu teilen, weiterzugeben, zu verschenken.

„Irgendwie die Zeit zwischen zwei Orgasmen zu überbrücken", wie ich kürzlich in einer Zeitschrift las, kann doch nicht allein Sinn des Lebens sein. Wer seine Konzentration stets auf die Schattenseiten des Lebens richtet, lädt sich negativ auf. Er muß einfach un-glücklich werden.

Ich möchte glücklich werden und etwas dafür tun. So ist dieses Buch entstanden. Sein Inhalt fordert mich heraus. Für Sie wird es kein Patentrezept liefern, weil jeder von Ihnen einmalig ist. Aber es bietet Denkanstöße, Impulse, Reflexionen, Überlegungen für eine neue Sicht des Seins. Wir können unser Leben nicht verlängern, nur vertiefen.

Sinnfragen fördern unser Menschsein. Sie verlangen, daß wir das, was wir als sinnvoll erachten, in Handlungen umsetzen. Auch in MAXIMEN DER NÄHE. Wenn das gelingt, wird es uns besser gehen. Dies war auch meine ureigene Erkenntnis, wenn ich Freude ausstrahle, wenn ich Frieden stifte, wenn ich mich von Konventionen befreie. Die Mägen sind voll, aber die Herzen schreien. Ich erfuhr persönlich, daß über Verlust und Leid Wachstum möglich wird. Ich brauchte diese schmerzhafte Lebenskoliken. Sonst könnte ich nicht über „Impulse für ein erfülltes Dasein" schreiben, wie der Untertitel des Buches lautet.

Es verändert sich nichts in unserem Leben, ohne daß wir durch unser Bewußtsein selbst eine Ursache dafür setzen. Lassen wir mehr Nähe zu, werden wir mehr Nähe erfahren, mehr Nähe gewinnen. Dies ist wohl auch Ihr sehnlichster Wunsch. Sonst hätte Ihre Intuition, Ihre Seele Sie nicht zu diesem Buch geführt. Wende ich mich dem Nächsten zu, schenke ich mehr NÄHE. Damit durchbreche ich auch meine Einsamkeit. Als Lebewesen werde ich geboren. Menschen müssen wir erst durch den Weg zur Quelle werden. Ein Weg gegen den Strom unserer Gewohnheiten, unserer Bequemlichkeiten, unseres Konformismus.

Gelungenes, erfülltes Leben bedarf einer lebendigen Balance von Nähe und Distanz, von Autonomie und Gemeinsamkeit, von Innen und Außen, von Ich, Du und Wir. Im Wechselspiel von Eingebundenheit und Freisein entfalten sich Würde, Lebensfreude, Sinn und Sinnlichkeit. Der Mensch hat den Globus erforscht. Wird es da nicht Zeit, uns endlich den inneren Bereichen zuzuwenden? Wird es da nicht Zeit, unseren Nächsten holistisch zu sehen? Wird es da nicht auch Zeit, daß wir nicht nur in den Körper, in den Geist, sondern auch in die Seele, in die NÄHE investieren?

Jedem von Ihnen wünsche ich für Ihren ganz besonderen Weg viel anhaltende Kraft. Dort, wo ein Ziel besteht, erwächst die Stärke. Energie und Einsicht bedingen Evolution und Fortschritt in unserem Inneren. Absolute Selbstgenügsamkeit ist ein realitätsferner Mythos. Im Grunde unserer Seele sind wir Beziehungswesen. Der Mensch wird am Du zum Ich, erinnert uns Martin Buber. NÄHE bringt unsere Seele zum Klingen. NÄHE ist die wahre Ökologie des Lebens.

Daß Ihnen diese Gnade immer wieder neu begegnet, ist das Ziel dieses Buches. Lassen Sie sich durch MAXIMEN DER NÄHE noch mehr in die Verantwortung für Ihr eigenes Lebensglück nehmen. Ich bin sicher, daß es uns allen dann besser gehen wird.

Herzlichst,
Ihr

Fred Endres

Zwischen zwei Individuen gibt es keine automatische Harmonie. Sie muß immer wieder im Abschied erobert werden.

Simone de Beauvoir, 1908 – 1986

Abschied

Warum klammern wir uns an Vorstellungen von uns selbst, an die Erwartungen an andere, ohne daran zu denken, daß alles seine Zeit hat? Es ist wichtig, zu erkennen, daß wir uns freuen dürfen, dann aber auch Abschied nehmen müssen.

Loslassen müssen wir Menschen, die uns verlassen haben, bis in den Tod hinein, oder ins Leben hinein, zu anderen Partnern. Wir können sie festhalten in unseren Gedanken, mit unserem Haß. Dann bleiben wir Gebundene. Dann können wir uns nicht neu einlassen auf das Leben.

Abschied ist auch ein Ruf an unser Selbstwertgefühl. Alle Zukunft ist offen. Eine jüngere Generation wächst heran. Sie will Verantwortung, die sie meist anders definiert.

Kraft und Dynamik des Lebens bewähren sich im Loslassen. In der Konzentration auf das Wesentliche im Leben. Wenn wir Abschied nehmen, gewinnen wir Freiheit zur Neugestaltung. Schmerzen werden schwinden. Das ist die Ökologie des Lebens.

Je vollendeter jemand ist,
desto achtungsvoller geht
er mit anderen um.

Thomas Morus, 1477 – 1535

Achtung

Achtung erkennt die Bedürfnisse, Werte und Rechte des Partners an. Sie gibt ihm dieselbe Bedeutung wie einem selbst. Achtung ist die wertvollste Form, die sich um die Liebe müht. Wenn ich jemanden liebe, bin ich achtsam, auch um des Wachstums meines Partners willen.

Unser Selbstverständnis gipfelt in der Verantwortung vor den Grundrechten des Menschen. Dies heißt soviel wie achtgeben, aufmerksam sein, ein Auge haben für den anderen, ihn ernst nehmen, ihn anerkennen, ihn würdigen als den, der er ist.

Achtung als Wertschätzung für die uns anvertrauten Menschen schließt Geborgenheit ein. Sie läßt Raum für Selbstentfaltung und Souveränität. Achtung ermutigt zu einem liebevolleren Miteinander.

Wenn ich Achtung vor jedem Geschöpf verinnerlicht habe, weiß ich, daß Menschen Geschenke sind, Gaben auf Zeit. Ein liebevoller Partner ist unser größtes Geschenk. Niemand hat Anspruch auf den anderen. Wer den anderen be-sitzen will, kann der ent-setzlichen Ent-Täuschung nicht entkommen.

 Der Anfang ist die Hälfte des Ganzen.

Aristoteles, 384 – 322 vor Chr.

Anfang

Beginnen wir jeden Tag mit einer Vergebung als unerläßlichem Bestandteil befreiender Nähe. Unsere Schwächen sind dann nicht länger ein Hindernis, uns selbst und die Mitmenschen anzunehmen. So kann uns das Licht der Freude erreichen.

Jeden Tag fangen wir auch mit einer Danksagung an. Wir danken, daß wir gebraucht werden, daß uns Menschen anvertraut sind, daß jeder von uns die Welt mit seinem Einsatz weiterträgt.

Jeder Tag ist ein neuer Anfang. Jeder Tag ist einzigartig, unwiederholbar, uneinholbar und verläuft anders. Wir geben unser Bestes, weil dies uns selbst bereichert. Hier empfinden wir Stärke und den höchsten Ausdruck unseres Könnens.

Wir vergeuden keinen Morgen mehr mit negativen Gedanken. Sie hemmen unsere persönliche Entwicklung und die berufliche Leistung. Jeder bejahende Gedanke schenkt Kraft zum Handeln.

Lassen wir nicht nach, immer wieder neu zu beginnen. Jeder Anfang ist die ewige Jugend in der Traurigkeit unserer Zeit.

Die Herrschaft über den Augenblick
ist die Herrschaft über das Leben.

Marie von Ebner-Eschenbach,
1830 – 1916

Augenblick

Die Verbindung von Eros und Psyche, von Sexualität und Seelenverwandtschaft, ruft Lust hervor. Der Augenblick wird so zu einer körperlichen, geistigen und emotionalen Gelegenheit, ob wir einander streicheln, zuflüstern, loben, bewundern, uns freuen, staunen, wärmen, liebkosen.

Lust kann heilen, wenn wir diese Kraft liebend einsetzen, was immer wir mit der Gunst des Augenblicks unternehmen oder dem Partner schenken wollen. Sie hebt unsere Zweifel und Gefühle der Minderwertigkeit auf.

Pflegen wir mehr augenblickliche Sinnesfreude,
spontan hingebend,
durchaus auch ekstatisch,
zuweilen orgiastisch,
erregend, entspannend,
in dem Wissen, mit unserem Empfinden einen Teil des Schöpfungsauftrages zu erfüllen.

Ein Brief kann ein spontanes Aphrodisiakum sein. Beruhigendes Grün, peitschender Wind, klirrende Kälte, wärmende Sonne, kühlender Regen oder ein klärendes Gewitter vermitteln Wohlbehagen und Geborgenheit.

Welches Glück, wenn wir gelöst von vermeintlichen Zwangsläufigkeiten den Augenblick genießen. Dann werden Mitmenschen Ihr Glück im eigenen Lächeln widerspiegeln.
Augen-Blicke werden zu Licht-Blicken.

Laß nicht zu, daß du jemandem begegnest, der danach nicht glücklicher ist.

Mutter Teresa, 1910 – 1998

Begegnung

Daß wir miteinander reden, macht uns zu Menschen, offenbart Karl Jaspers. Eine Person vollendet sich nicht einfach als Individuum. Sie kann nur in der Begegnung wachsen. Sie will sich als soziales Wesen in Gemeinschaft entfalten. Dazu müssen wir aufeinander zugehen.

In ganzer Hinwendung zum Du vollziehen wir absichtslose Offenheit. Im geduldigen Gespräch pflücken wir Sterne der Liebe vom Firmament. Licht kann immer da entstehen, wo wir uns treffen:

zu-hören	statt weg-hören
ver-stehen	statt da-stehen
achten	statt ver-achten
lachen	statt be-lächeln
fragen	statt antworten
vertrauen	statt zweifeln
geben	statt nehmen
be-gegnen	statt ent-gegnen.

Mit jeder bewußt gelebten Begegnung kommt der Himmel auf die Erde, und ein Stück Erde wird zum Himmel.

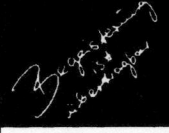

Motivationsmanagement
Mitarbeiterführung
Öffentlichkeitsarbeit
Tourismusberatung

Dipl.-Verwaltungswirt

Alfred Endres

Bürgermeister a.D.

D-88353 Kisslegg im Allgäu
Falkenstraße 8
☎ 07563/2200
🖶 07563/7040

Begeisterung

Begeisterung ist das Gegenteil von Resignation. Ohne eigene Wünsche an das Leben wird es langweilig. Ohne Begeisterung kommen wir nicht zum Leben. Begeisterung ist der Königsweg zur Freude, zu Freunden, zu guten Nachbarn, zur Nächstenliebe.

Das wahre Geheimnis des Erfolges einer Führungskraft, eines jeden Menschen, ist Begeisterung. Sie kommt von „Geist" und heißt „entheos", Gott im Inneren. Man kann sie trainieren, sie lebendig werden lassen.

Liebe zum Leben ist der einzige Weg, das Leben zu meistern. Liebe ist immer ein großes Stück Begeisterung. Treten wir ohne Zögern in das El Dorado dieser Welt ein, gerade nach Rückschlägen. Das Leben hält immer neue Träume bereit, wenn alte gehen.

Beginnen wir ab heute keinen Tag mehr ohne Begeisterung! Dieser Enthusiasmus wird sich auf die uns anvertrauten Menschen übertragen.

Wir sind das, was wir wiederholt tun. Vorzüglichkeit ist daher keine Handlung, sondern eine Gewohnheit.

Aristoteles, 384 – 322 v. Chr.

Charisma

Unsere Ausstrahlung beeinflußt das Verhalten der Mitmenschen. Wir ziehen diejenigen mit gleichen Denkweisen an. Dies ist eines der kosmischen Gesetze. Menschen mit Lebensenergie sind mutiger, angstbereiter. Sie verbrauchen weniger Kräfte.

Frauen und Männer, denen Menschen anvertraut sind, tragen besondere Verantwortung. Manche bewegen viel, aber bewirken wenig. Das sind dann Menschen, die ihr vermeintliches Leistungsdenken wie eine Monstranz zur eigenen Verehrung vor sich her tragen.

Das Gegenteil dazu sind Menschen mit starker Ausstrahlung. Charismatiker haben den Mut, ihren Intuitionen zu folgen. Sie erwecken Vertrauen durch Annahme. Sie fördern durch Fordern.

Die wahrhaft Großen schaffen vor dem beruflichen Triumph den Sieg über sich selbst. Sie sind bei aller Selbstdisziplin Diener für die faszinierende Aufgabe, Menschen erfolgreich zu leiten. Sie sind Virtuosen der emotionalen Intelligenz.

Die zum Dank Begabten sind
auch zur Freude begabt.

Zenta Maurina, 1897 – 1978

Dankbarkeit

Dankbarkeit ist eine in Worte gefaßte Nähe. Sie ist gleichsam das Echo der Freude auf eine erlebte Freude, ein Glück mehr für ein Mehr an Glück.

Dankbare Menschen geben den anderen Kraft zum Guten. Dankbarkeit ist Schenken, ist Teilen, ist eine Maxime der Liebe. Dankbarkeit ist ein sekundärer Genuß, der einen primären verlängert.

Nichts ersehnen sich Menschen mehr als uneigennützige Dankbarkeit. Danken wir, daß man uns braucht. Können wir nachfühlen, wie unserem Nächsten zumute ist, der im Arbeitsleben nicht mehr benötigt wird?

Sie sind dankbar für alles Bereichernde in Ihrem Leben. Mit dieser inneren Haltung ermutigen Sie Partner, Kollegen, Mitarbeiter. Sie motivieren, indem Sie Dankbarkeit zeigen.

Dankbarkeit ist das Geheimnis der Freundschaft. Dankbarkeit ist das Gedächtnis des Herzens. Dankbarkeit ist der Maßstab unserer Liebesfähigkeit.

Die Großzügigsten sind gewöhnlich die Demütigsten.

René Descartes, 1596 – 1650

Demut

Das Bewußtsein meiner Sterblichkeit läßt mich demütig werden. Ich bin ein Wesen, das seinen Anfang hat und sein Ende. Dennoch muß ich mich im Hier und Jetzt entscheiden. Diese Wahl ist eine Frage der Erziehung, der Kultur, und meiner ethischen Reife.

Dummheit offenbart sich als Mangel an Demut. Zu Beginn des einundzwanzigsten Jahrhunderts haben wir viel an Demut verloren. Wir glauben, daß nahezu alles machbar ist. Ich darf aber nicht alles tun und lassen, was ich kann und will, weder in der Umwelt noch im eigenen Genuß.

Je häufiger ich ohne Liebe, ohne Dankbarkeit ein Bedürfnis befriedige, desto weniger werde ich Lust empfinden. Jedes Glück ohne Demut nützt sich ab, je intensiver ich es suche. Ich erfahre tieferes Glück, wenn ich es zeitweise entbehren muß.

Demut ist immer auch eine Frage des Charakters. Er bildet sich im Strom des Lebens und des menschlichen Wachstums. Er wird im Kampf mit angeborenen Wesenszügen errungen. Demut und Charakter erfahre ich nicht als Geschenk der Schöpfung, sondern erringe sie als Sieg über mich selbst.

Das schönste Geschenk an den
Menschen ist die Freude.

*Marquis de Vauvenargues,
1715 – 1747*

Emotionen

Meine Seele atmet wieder.

Endlich angekommen.
Den Sprung gewagt.
Meer, Wind, Horizont.

Weite. Abstand.

Die Sonne auf meiner Haut.
So fühlt sich Freiheit an.
Hektik und Unruhe sind die andere Welt.

Bei mir selbst sein.

Jemanden lieben heißt,
immer bei sich selbst zu bleiben.
Das sind Nähe und Tiefe zugleich.

Anpacken. Verändern. Bewegen.

Mit Seele in neue Ideen.
Mit Herz in neue Aufgaben.
Mit Freude in den Alltag.

Natur. Bewußt. Sein.

Stille in weitem Grund.
Ruhe in Erwartung neuen Erlebens.
Wissen, daß Leben nicht nur aus Arbeit besteht.

Meine Seele atmet wieder.

 Unser Kopf ist rund,
damit das Denken die
Richtung wechseln kann.

Francis Picabia, 1879 – 1953

Empathie

Wir sind die Verfasser der anderen. Wir sind auf unentrinnbare Weise verantwortlich für das Gesicht, das unsere Nächsten zeigen. So erhofft sich Max Frisch das mitmenschliche Einfühlungsvermögen.

Dieses wagt sich an die Aufgabe, zwischen allen Paradoxien und Ungereimtheiten des Alltags, zwischen Euphorien und Enttäuschungen des Daseins wieder etwas zu entdecken, was den Namen Nähe verdient; ob die von uns täglich gelebten Werte noch als angemessene Antworten auf die soziale Kälte ausreichen.

Das Leben neu zu denken, erfordert die Provokation, im Kopf und im Herzen aufzuräumen. Ohne das Risiko, Denkmuster und Verhaltensweisen zu reflektieren, wird unser bequemer Verstand eine Veränderung nicht zulassen. Die Heraus-Forderung des Jahrhunderts verlangt jene Bereitschaft, sich mehr in den anderen einzufühlen.

Wenn wir uns damit für die Liebe entscheiden, erhellt sich für viele der Erde Finsternis. Empathie wird jeder unserer Beziehungen gut tun, und ein Stück Frieden kann sich ausbreiten. Empathie ist das wichtigste Element einer Beziehung.

Die Entschlossenheit ist im Einzelfall ein Akt des Mutes und, wenn sie zum Charakterzug wird, eine Gewohnheit der Seele.

Carl von Clausewitz, 1780 – 1831

Entschlossenheit

Nach unserer christlichen Zeitrechnung haben wir die Schwelle des dritten Jahrtausends überschritten. Zeitsensible Menschen bedrängt daher eine Frage immer mächtiger: Wie soll es weitergehen? Welche Antriebskräfte entscheiden, wie wir leben wollen?

Der melancholische Blick auf die Zeitenwende taugt nicht als hinreichende Antwort. Unser Land leidet unter einem gewaltigen Reformstau. Fortwährende Politikblockaden sind ein Ergebnis von Denkblockaden.

Entschlossenheit entlarvt den Glauben, daß in unserer aufgeklärten Gesellschaft Tugenden wie Güte, Großzügigkeit, Offenheit, Ehrlichkeit und emotionale Kompetenz Merkmale des Versagens trügen. Jede Entschlossenheit gibt Kraft, sie zu leben.

Wer die Gesellschaft voranbringen will, darf sich nicht nur in ihrer Mitte bewegen. Ethische Entschlossenheit ist eine Sache der inneren Einstellung zu den uns umgebenden Dingen.

Handlungsbereite Menschen ziehen ihre Lebenskraft aus verborgenen Wurzeln. Sie sind gut zu sich selbst und zur Nähe fähig. Sie sind sich ihrer selbst sicher. In ihrer Seele herrscht nicht länger Dienst nach Vorschrift.

Erfüllte Liebe ist der hervor-
ragendste Quell der Freude.

Thomas von Aquin, 1225 – 1274

Erfüllung

Vielen von uns ist die Liebe zum Leben abhanden gekommen, manchen fast unmerklich. Wir leiden wohl sehr, die meisten aber auf recht hohem Niveau.

Erfüllung wird immer auf Evolution gerichtet sein. Sie ist Entwicklung, damit Entfaltung möglich wird, die dann zur Vollendung führt.

Erfüllung gewinnen wir aus unerschöpflicher Kreativität. Sie ist keine Sache des Alters, der Bildung oder der Herkunft. Sie bedarf auch nicht der Krükken des Wohlstandes und ständiger Bestätigung. Sie ist eine Sache des Herzens.

Stellen wir uns der Zukunft mit offener Hingabe. Fülle des Lebens ist Unbeschwertheit, ein Stück Freiheit. Durch Ihre Lebenslust orchestrieren Sie alle Möglichkeiten, zu wachsen und zu reifen.

Erfülltes Leben strebt nach Utopien. Es ermutigt in den Widersprüchen des Alltags. Es tröstet in den Sehnsüchten und Süchten des Daseins. Erfüllung hofft in diesem Leben, und darüber hinaus.

Freiheit bedeutet Verantwortlich-
keit. Das ist der Grund, weshalb
die meisten Menschen sich vor
ihr fürchten.

George Bernard Shaw, 1856 – 1950

Freiheit

Wie oft ertappen wir uns bei der heimlichen Sehnsucht, frei zu sein und wie ein Vogel fliegen zu können. Und wie wenig unternehmen wir dafür, obwohl wir als Individuum ein Recht haben, aus dem Rahmen zu fallen.

Ich erhoffe mir Chancen und keine Absicherung. Ich will kein ausgehaltener Bürger sein, weil die Öffentlichkeit für mich sorgt. Ich muß auch dem Risiko begegnen. Ich will mich nach etwas sehnen und es visionär auch umsetzen.

Lieber will ich den drohenden Schwierigkeiten des Daseins entgegentreten, als ein ruhiges Leben führen. Ich suche Sinn und keine Sicherheit. Ich will Erfolg haben und werde dann auch im Schiffbruch bestehen.

Nur allzuoft machen wir nichts aus unseren Sehnsüchten. Wir begnügen uns mit der Erinnerung an unseren durch Ängste behinderten Körper. Warum sind wir so befangen, Hoffnung zu denken?

Weil ich mich bejahe, habe ich gelernt, selbst zu denken und authentisch zu handeln. So bin ich frei geworden. Der Ausbruch aus dem Klischee dauert ein Leben lang. Wenn ich innerlich frei bin und diese Freiheit lebe, werde ich liebenswerter.

Sag ihm nur, doch sags bescheiden.
Seine Liebe sei mein Leben.
Freudiges Gefühl von beiden
wird mir seine Nähe sein.

Marianne Willemer, 1784 – 1860

Freude

Das soll zur prallen Freude werden:

Fragen, die neue Wege öffnen.
Gedanken, die Innovationen provozieren.
Überlegungen, die Bestehendes nicht als
unabänderlich begreifen.
Wagnisse, die mehr Weltoffenheit schaffen.

Freuen wir uns auf diesen Tag,
denn er ist unser Leben,
das Leben allen Lebens.

In seinem Verlauf liegt alle
Wirklichkeit des Daseins:
Die Freude des Wachsens,
die Größe der Tat,
die Herrlichkeit der Erde.

Denn das Gestern ist nichts als Traum
und das Morgen nur eine Vision.
Das Heute, freudig gelebt,
macht jedes Gestern zu einer Wonne
und jedes Morgen zu einer Hoffnung.

Darum freuen wir uns auf diesen Tag.
Wer freudig nach dem Unmöglichen strebt,
hat keine Konkurrenz.

Freunde sind Gärten, in denen man sich ausruhen kann.

Antoine de Saint-Exupéry,
1900 – 1944

Freundschaft

Freundschaft ist die Kunst des freien Menschen. So beginnt Albert Camus sein hohes Lied. Nicht Nutzen und Lust, sondern der Wert an sich bestimmt eine Freundschaft. Wohl gibt es Liebe auf den ersten Blick, kaum aber Freundschaft. Sie muß wachsen und reifen; gepflegt und immer wieder erneuert werden.

Freundschaft führt mich aus der Enge und schenkt Nähe. Nicht länger verliere ich mich in mir selbst. Vielmehr öffne ich mich, werde aufmerksam, erfinderisch. Wenn ich die private Welt des anderen betrete, werde ich darin heimisch. Sie ist ein sorgsames Gespür, wie der Mitmensch fühlt, wie er sich verändert. Er wird zum Freund, wenn ich ihn als mir anvertraut empfinde.

Nehmen wir uns Zeit für Freunde. Sie werden zu einer ungeahnten Quelle unseres Glücks. Sie eröffnen Möglichkeiten, damit wir uns verstanden und getragen fühlen. Laßt uns dankbar sein für Mitmenschen, die zu treuen und aufrichtigen Freunden werden. Tiefgründige Freundschaften machen unser Dasein erst richtig lebenswert.

Ein Mensch ist so sehr Mensch, wie er zur Freundschaft fähig ist. Tiefe Freundschaft ist Gnade, ist Güte. Das Wertvollste an der Freundschaft ist, daß man nichts zu erklären braucht.

Das ist der Gastfreundschaft tiefster Sinn, daß einer dem anderen Halt gebe auf dem Weg nach dem ewigen Zuhause.

Romano Guardini, 1885 – 1968

Gastfreundschaft

Wir Menschen sind und bleiben immer unterwegs. Wir wissen, wie einsam, wie verletzlich der Fremde, der Gast sein kann. Deshalb bedürfen wir auf diesem Planeten stets der Gastfreundschaft. Sie ist keine Frage von Bildung oder Reichtum, sondern schlichte Bereitschaft, dem Nächsten zu begegnen.

Sie ist nichts Angelerntes, sondern einfach eine Haltung der Offenheit, des Miteinanders, der spontanen Herzlichkeit, weil wir im Gegenüber den Bruder und die Schwester erkennen. Wir ahnen ihre unsägliche Sehnsucht nach Wärme.

Die Griechen sind uns Vorbild. Sie stellen den Fremdling unter den Schutz des Gottes Xenios. Xenos heißt Gast und Fremder. Als exportorientierte Nation sollte Deutschland fremdenfreundlich sein, um sich so dem griechischen Ideal zu nähern.

Beim Gastmahl erfahre ich mit dem Heimweh die Sehnsucht nach Geborgenheit. Die Freude des Teilens und Mitteilens weckt Hoffnung, angenommen zu sein. Gastfreundschaft ist Nähe und Erfüllung.

Jeder Mensch braucht andere Menschen, um mehr Mensch zu werden. Gewährte Gastfreundschaft tröstet meinen Nächsten, der in unserer ego-zentrierten Gesellschaft oft fröstelt. Ich verteidige nicht nur das Ich, sondern pflege das Du.

Die Kultur des Friedens beginnt mit der Gastfreundschaft.

Das Wichtigste ist nicht, viel zu denken, sondern viel zu lieben und so zu handeln, daß die Liebe angeregt wird.

Teresa von Avila, 1515 – 1582

Gebet

Finden Sie noch die Ruhe, die Sammlung, und den Sinn zu beten? Viele werden diese Frage verneinen. Darin steckt Energie. Solche Unruhe zeigt, daß das bisher Erlittene, Gelebte, Geglaubte Ihre Sicht der Dinge erschüttert hat.

Es ist auch die Scheu vor sich selbst. Beten heißt nämlich, vor Gott mit mir selbst in Berührung zu kommen. Ich jedenfalls glaube fest daran, daß diese Welt immer wieder Wunder für jene bereithält, die das Leben bejahen und lieben.

Du wunderbare Schöpfung,
ich danke dir,
weil es einen Menschen gibt,
der mich liebt.

Er öffnet sich mir,
er nimmt mich an,
er sieht mich an,
er hört mir zu,
er spricht zu mir,
er ist für mich da.

Ich bin glücklich,
weil es – wieder – einen Menschen gibt,
den ich lieben kann,
so sehr ich vermag.

Wir könnten nie lernen,
geduldig zu sein, wenn es
nur Freude in der Welt gäbe.

Helen Keller, 1880 – 1968

Geduld

Niemand ist im Alleinbesitz der Wahrheit. Wir üben uns in Geduld, wenn wir für das bessere Argument offen sind. Diese intellektuelle Redlichkeit steckt an.

Geduldig mühe ich mich, den Tag zu erleben, ohne das ganze Leben vollständig erfassen zu wollen. Ich gebe nach, aber ich gebe nicht auf. So handle ich in Demut und werde mehr erreichen.

Geduld ist keine Selbsterniedrigung. Sie ist auf eine gute Absicht ausgerichtet. Wenn ich geduldig bleibe, vermittle ich Nähe. Das macht sie so menschlich und so gewinnend.

Wir Menschen sind keine Marionetten unserer Gene. Ein freier Wille läßt uns wachsen und reifen, wenn wir Geduld pflegen. Dann wird uns das Leben mit Fülle, Ausstrahlung und Liebe segnen.

Krieg ist der Vater aller Dinge.
Richtige Streitkultur ist die Mutter
einer guten Beziehung.

Heraklit, 544 – 483 v. Chr.

Gegensätze

Es wird kein Glück für Menschen geben, für die Trauer und Leiden nicht zu unserem polar strukturierten Dasein gehören.

Eine leidensunwillige Gesellschaft vernachlässigt den Schmerz, den wir zu unserem menschlichen Wachstum brauchen. Wenn wir Glück, Freude und Vertrauen spüren wollen, werden wir immer wieder auch Trennung, Furcht und Sorge durchleben müssen.

Wir nehmen unsere Gefühle an, reflektieren sie, bis wir uns wieder besser fühlen. Dies schaffen wir nicht durch Verdrängen, nicht allein durch positives Denken, sondern durch Trauerarbeit, durch verarbeiten.

Konflikte weisen auf Defizite hin und lösen Veränderungen aus. Es sind Botschaften, die uns zur inneren Einkehr, zum Nachdenken bewegen sollen. Sie fordern uns auf, ausgetretene Pfade zu verlassen und neue Wege zu erkunden.

Das höchste Glück des Lebens
ist die Gewißheit, geliebt zu
werden.

Victor Hugo, 1802 – 1885

Glück

Glück ist die Krönung einer selbstbewußten Persönlichkeit. Wer sich auf den Weg macht, das Glück zu finden, läßt sich auf ein lebenslanges Spiel ein. Er begnügt sich nicht mit der Rolle des Zuschauers. Er ist sein eigener Hauptdarsteller.

Die bildhafte Vorstellung unserer Sehnsüchte behindert oft das Glück. Jeder noch so kleine Sieg über sich selbst ist tausendmal mehr wert als jede Freude über den Sieg eines sogenannten Helden.

Zugegeben; dies ist kein leichtes Unterfangen. Aber wenn Sie beschlossen haben, mehr an sich zu glauben als an andere, werden Sie allmählich erhaben über Zweifel, die Ihren Veränderungen im Wege stehen. Sie können sich höhere Ziele setzen, weil Sie Ihr Glück nicht vom Zufall, sondern von Ihren kleinen Schritten abhängig machen, an denen Sie täglich arbeiten.

Glück ist die Ursehnsucht des Menschen. Die Tür zum Glück öffnet sich auf Dauer nur nach außen, und nicht nach innen, wo ich mir allein genüge. Glücksfähigkeit ist stets ein Stück Glückswürdigkeit. Glücklich ist die mit sich selbst befreundete Seele.

Ich will geliebt sein oder ich
will begriffen sein. Das ist eins.

Bettina von Arnim, 1785 – 1859

Harmonie

Seit Jahrtausenden suchen Menschen nach Sinn. Gutes zu tun und andere erfolgreich zu machen, stabilisiert mein eigenes seelisches Gleichgewicht. Diese ethisch-moralische Grundhaltung schenkt mir Harmonie.

Wenn ich für innere Harmonie sorge, werde ich mit mir und meiner Umwelt in Frieden leben. Wenn der Wind des Wandels weht, bauen die einen Mauern, die Klugen aber bauen Windmühlen. Wenn ich diesen Wind als Herausforderung zum Kurswechsel, als Anstoß zur Motivation auffange und nutze, werde ich am Ende mit viel Harmonie gesegnet sein.

Das Leben kann so wunderbar sein, wenn ich meine innere Mitte gefunden habe. Dann bin ich hilfsbereit und schenke Freude. Dann sehe ich das Gute in allen Geschöpfen. Daraus erwächst wieder neue Harmonie.

Durch meine Güte untermauere ich Vertrauen in das Leben. Es gibt kein Zuhause ohne Menschen, die Harmonie vermitteln und mir Heimat, Vertrautheit, Geborgenheit bedeuten.

Schöner als der vollste Besitz
ist die Erwartung der Hoffnung.

Emanuel Geibel, 1815 – 1884

Hoffnung

Wer einen Menschen liebt, wird immer seine Hoffnung auf ihn setzen. Hoffnung ist nicht die Erwartung auf einen guten Ausgang, sondern der Glaube, daß alles seinen Sinn hat, gleichgültig wie es auch immer enden mag.

Meine Hoffnung auf das Gute im Menschen ist fast nie enttäuscht worden. Wenn ich als Führungskraft meinen Partnern Vertrauen geschenkt habe, bedankten sie sich, indem sie wiederum mir vertrauten.

Nur wer sich einbringt und bereit ist, Verantwortung zu übernehmen, schafft Hoffnung. Wer nur klagt und resigniert, wird mitverantwortlich für die miserable Wirklichkeit, die er beschreibt.

Hoffnung, die das Risiko scheut, ist keine Hoffnung. Hoffen heißt, an das Abenteuer der Liebe, der Nähe, des Glücks zu glauben, und den Sprung ins Ungewisse zu wagen.

Hoffnung ist Voraussetzung für Sein und Entwicklung. Geben Sie die Hoffnung auf das Gute im Mitmenschen, im Mitarbeiter, im Partner nie auf. Beginnen Sie heute damit. Nur wer hofft, wird dem Unverhofften begegnen!

Jugend ist eine beständige Trunken-
heit. Sie ist das Fieber der Vernunft.

François de La Rochefoucauld,
1613 – 1680

Jugend

Jugend hat immer etwas mit Liebesfähigkeit zu tun. Ich kann nicht Eines und Eine lieben, sondern nur das Leben und die Liebe, schwärmt Hermann Hesse.

Jungsein bedeutet, die Offenheit für Wunder zu bewahren, das Erstaunen für ein Leuchten im Alltag, das Wagnis, Neues zu entdecken, den unstillbaren Wunsch nach Unfaßlichem zu spüren, die Unbeschwertheit für das Morgen zu erfahren.

Jugend ist die Bereitschaft zur Phantasie. Sie setzt Abenteuerlust gegen Zögerlichkeit, setzt Begeisterung gegen Bequemlichkeit. Jugend mißtraut der letzten Sicherheit.

Wir sind solange jung, wie unser Herz die Botschaft des Mutes nutzt, die Größe und Stärke des Tages begreift, die Unendlichkeit der Welt erfaßt, die Kühnheit des Unbekannten braucht.

Jugend ist kein Abschnitt des Lebens. Sie ist ein Zustand der Seele.

Zivilisation ist Bewegung und kein Zustand, eine Reise und kein Hafen.

Arnold Toynbee, 1889 – 1975

Kreativität

Kreative Menschen sind neugierig. Sie können staunen. Sie suchen neue Erfahrungen, lieben die Offenheit des Denkens. Sie sind oftmals klug und naiv zugleich.

Schöpferische Persönlichkeiten offenbaren sich als eine Mischung von Stolz und Demut. Sie sind manchmal rebellisch und immer unabhängig. Sie haben ein Ziel, eine klare Vorstellung dessen, was sie erreichen wollen und wie sie es schaffen werden.

Wir speisen unser Ich, und unsere Mitarbeiter nähren wir mit ermutigenden Gedanken und Aussagen. Nichts ist für den Menschen aufregender und motivierender, als seine Ideen ernstgenommen und verwirklicht zu sehen. Wir fördern ein innovationsfreundliches Klima, damit es sich lohnt, kreativ zu sein.

Kreativität ist Humus, ist Klettergerüst, ist Sonnenausrichtung auf das Leben. Diese Schöpferkraft schafft Freude, Selbstvergessenheit, und eine sich selbst genügende Aktivität.

Die Zukunft beunruhigt uns,
die Vergangenheit hält uns fest.
Deshalb entgeht uns die Gegenwart.

Gustave Flaubert, 1821 – 1880

Leben

Wir Menschen sind für das Leben geschaffen und damit für das Jetzt verantwortlich. Der wichtigste Tag des Daseins ist der Alltag. Wenn ich diese Gegenwart versäume, behindere ich das Leben. Ich verpasse es, wenn ich nach der letzten Sicherheit strebe.

Die Sorge für morgen kommt immer einen Tag zu früh. Leben Sie erfüllt, dann können Sie auch andere erfüllt leben lassen. Sie warten nicht auf das Leben, sondern lassen es einfach zu. Wenn Sie zu weit vorausschauen, wird das Leben zur Qual.

Unterlassungssünden sind wohl die einzigen, die nicht vergeben werden. Verändern Sie immer wieder Ihren gewohnten Rhythmus. So genießen Sie das Leben, die Muße, die Freude, die Gunst der Stunde. Die Widersprüche des Daseins lassen sich leichter mit der therapeutischen Kraft des Vertrauens ertragen.

Es ist eine Lust zu leben! Mit diesem epikureischen Leitsatz verstehen Sie Ihr Dasein nicht länger als Sammelbecken der Selbstverhinderung. Sie bewahren vielmehr das feine Gespür für Brüche, für Verlogenheiten bürgerlicher Moral und Kultur. So verleihen Sie dem Leben mehr Sinn und Fülle.

Ich kann, weil ich will, was ich muß.

Immanuel Kant, 1724 – 1804

Leidenschaft

Wer Leidenschaft besitzt, ist lebendig. Leidenschaftlich zu wirken heißt, mit Hingabe einer Sache zu dienen. Wenn es kein intellektuelles Spiel sein soll, setzt dies mitmenschliches Handeln voraus, als persönliches Interesse am Schicksal des Nächsten.

Passion drückt sich in Energie aus, in der Verantwortung gegenüber den uns anvertrauten Menschen. Als entscheidende psychologische Qualität benötigen wir dazu Augenmaß. Wir lassen die Realitäten innerlich gesammelt auf uns wirken.

Die Welt lebt von Menschen, die mehr tun als ihre Pflicht, weil die Summe der Egoismen noch kein Gemeinwohl ausmacht. Es gibt kein Leben ohne Leidenschaft.

Keiner kann das Wechselspiel von Soma und Psyche, von Leib und Seele aufheben, weil der Mensch ganzheitlich entworfen ist. Seelische Erregung wie Ärger, Zorn, Trauer, Schuld oder Sehnsucht behandeln wir oft in lebensfeindlicher Weise. Wer aber Leidenschaftlichkeit ablehnt, erstickt.

In der Leidenschaft für das Ganze spiegelt sich die Ekstase der Schöpfung. Solches Handeln schenkt erfülltes Leben in einer überfüllten Welt.

Menschen, die sich lieben,
machen den in ihnen
wohnenden Gott sichtbar.

Carl Rogers, 1902 – 1987

Liebe

Seit Jahrhunderten bewegt die Gesinnungsethik eine Frage: Kann man das Lieben erlernen? Ich meine: Ja, weil die Liebe eine in jedem Menschen angelegte Kraft ist. Sie stellt sich aber nicht von selbst ein. Sie ist, wie die Freiheit, ihrem Wesen nach kein Trieb.

Jede Liebeserklärung ist eine Aussage zur Gegenwart. Sie kann keine Versicherung für alle Zukunft sein. Es ist das Versprechen zur Offenheit und das Bemühen, dem Partner gerecht zu werden. Von ihm alles zu wollen, was das Leben zu bieten hat, ist maßlos. Dennoch braucht jeder Mensch den Mitmenschen, um mehr Mensch zu sein.

Was ist Liebe? Sie hat viele Facetten. Ist es Agape, ist es Caritas, ist es Eros? Unterentwickelte Liebe folgt dem Grundsatz: Ich liebe, weil ich geliebt werde. Reife Liebe weiß: Ich werde geliebt, weil ich liebe. Unreife Liebe meint: Ich liebe dich, weil ich dich brauche. Ehrliche Liebe sagt: Ich brauche dich, weil ich dich liebe.

Liebe ist ein freiwilliges Geschenk. Darum verträgt sie keinen Anspruch auf Ausschließlichkeit. Liebe kennt keine Vollkommenheit. Sie unterliegt Begrenzungen wie alles Lebendige. Wer die Welt aber nur halb annimmt, der liebt sie nicht zur Hälfte, sondern gar nicht. Der einzige Weg, das Leben zu meistern, besteht darin, es zu lieben.

Die Lebenskraft eines Zeitalters liegt nicht nur in seiner Ernte, sondern in seiner Aussaat.

Ludwig Börne, 1786 – 1837

Menschlichkeit

Eine Gesellschaft, die das Ausatmen verlernt hat, die nur noch schluckt, rafft, stapelt und praßt, verliert ihre Mitmenschlichkeit. Sie versäumt die Nächstenliebe und damit ihr Glück.

Humanität gehört zum positiven Denken. Sie ist gelebte Toleranz. Sie gesteht Fehler ein und gewinnt dadurch Partnerschaften.

Menschlichkeit gibt auch anderen eine Chance. Wer sich immer nur selbst in den Mittelpunkt drängt, nützt sich ab. Er wird nicht beliebter. Die Kraft und Dynamik des Lebens besteht im Loslassen.

Zur Menschlichkeit gehört Humor. Er bedeutet Überlegenheit auch in Verlegenheit. Ein Rückschlag hebt solche Menschen nicht gleich aus den Angeln.

Eine humane Gesinnung ist grundlegendes und tiefgreifendes Interesse für eine unvollkommene Welt und für unser Dasein.

Wahre Nächstenliebe ist mehr als die Kraft zum Mitgefühl. Sie ist die Fähigkeit zur Zuneigung.

Martin Luther King, 1929 – 1968

Mitgefühl

Solange wir nur Schönwettermenschen sind, fehlt uns die Fähigkeit zur Nähe. Wenn wir Mitgefühl entwickeln, erwidern wir Liebe, auch wenn sich unser Partner im Wellental seiner Stimmungen befindet.

Mitgefühl ist mein Interesse am Schicksal des Nachbarn. Der Begriff kommt vom griechischen Wort „sympatheia". Er erinnert uns an das anziehende Wort Sympathie. Sie begegnet uns in Zuwendung, Hingabe, Milde und im Großmut.

Mitgefühl ist Anteilnahme am Leid des anderen. Es ist Religion, die Rückbindung zum Schöpfer. Es ermöglicht vieles, das mit reiner Vernunft allein nicht gelingen kann.

Eine wichtige Triebfeder unserer Moral ist Mitgefühl. Es sympathisiert mit allem, was leidet. Das Lächeln ist ein Licht, das im Fenster eines Gesichts aufleuchtet und anzeigt, daß ein Herz daheim ist.

Wir Komponisten sind die Projektoren des Unendlichen ins Endliche.

Edvard Grieg, 1843 – 1907

Musik

Andrzey Szczypiorski, der polnische Literaturpreisträger, hat Musik als allerfeinste Herzensnahrung bezeichnet. Diese Klassik ist für ihn wie eine schöne Frau: verführerisch, rätselhaft. Er liebe sie, er begehre sie, vermöge sie aber nicht zu erkennen ...

Das Geschenk menschlicher Nähe erfahren wir nicht in allen Phasen des Lebens. Die Schöpfung gewährt andere innere Kräfte, um uns Trost zu spenden. Eine dieser Gaben ist die Musik. Welche motivierende Faszination kann sie offenbaren!

Musik stärkt und heilt nicht nur die Psyche. Der kulturelle Genuß erweist sich auch als Faktor für das physische, mentale und soziale Wohlergehen. Er erhält unser emotionales Wachstum und verbreitet Frieden.

Musik wagt sich an die Aufgabe, zwischen Paradoxien und Ungereimtheiten, zwischen Enttäuschungen und Euphorien des Alltags unsere Seele zu streicheln. Musik ist die Nahrung der Nähe und Liebe die Nahrung der Musik.

Die Klugheit ist geeignet, zu
bewahren, was man besitzt.
Doch allein der Mut versteht
zu erwerben.

Friedrich der Große, 1712 – 1786

Mut

Als furchtloser Mensch sind Sie ein Gewinn für Ihre Umgebung. Furchtlosigkeit ist ungewöhnlich ansteckend. Sie macht Mut Ihnen selbst und allen, die Sie mögen.

Mutig vervielfachen Sie Ihre Lebensqualität. Die Liebenswürdigkeit gründet sich auf Ihrem Mut. Er beugt der Resignation vor. Er weiß um Alternativen und kann mit Selbstzweifeln umgehen.

Furchtlose Menschen sind entscheidungsfreudige Optimisten. Mutige Persönlichkeiten zeigen Zuwendung, ohne sich zu fragen, wie der Partner das aufnehmen wird. Sie freuen sich an der Existenz freier Menschen, weil sie in sich ruhen.

Sie bewahren ihre Leichtigkeit ohne die Tiefe zu verlieren. Sie haben ihre innere Mitte gefunden. Sie können ihre Umwelt und ihre Mitmenschen genießen.

Das Geschenk der Liebe kann man nicht geben. Es wartet darauf, offen angenommen zu werden.

Rabindranath Tagore, 1861 – 1941

Offenheit

Herzstück jeder reifen Beziehung ist das gegenseitige Frei-lassen. Es ist gerade dann eine Würdigung, wenn der Partner uns einmal nicht versteht.

Lassen Sie Ihrem Partner Zeit, Konflikte zu verarbeiten. Dringen Sie nicht zu früh in ihn. Intimität erwächst aus Offenheit. Dieses Loslassen verbindet mehr als jeder Zwang.

Die Qualität unserer Beziehungen spiegelt die Persönlichkeit. Was wir heute als Problem erleben, kann morgen schon eine Erfahrung sein. Die Erkenntnis gelingt über den Weg der Offenheit, über den Dialog.

Offenheit schafft eine Atmosphäre, in der wir uns selbst besser kennenlernen und dann unsere Fähigkeiten voll entfalten können. Ein offener Mensch fürchtet sich nicht davor, Turbulenzen bei Gefühlen zuzulassen.

Freiwerden von Abhängigkeiten, Offenheit für Menschen und Dinge um uns herum, ist wahres Leben und sprühende Vitalität.

Tu erst das Notwendige, dann das Mögliche, und plötzlich schaffst du das Unmögliche.

Franz von Assisi, 1181 – 1226

Optimismus

Ein Optimist sieht in jeder Schwierigkeit eine Möglichkeit. Ein Pessimist sieht in jeder Möglichkeit eine Schwierigkeit. Der Welt zustimmen bedeutet das Ja zu einer Erde, wie sie ist.

Aus dieser Haltung heraus sorge ich mich nicht so sehr um die Zukunft. Wenn ich nämlich zu weit vorausschaue, wird mein Dasein zur Last. Ich glaube an das Leben und koste es aus.

Optimismus ist sprühendes Leben in allen seinen Schattierungen. Er reißt unser Dasein aus der schalen Mittelmäßigkeit. Eine widersprüchliche Zeit braucht Menschen, deren Lebenslust im Alltag Hoffnung verbreitet.

Optimisten wandeln auf den Wolken, unter denen die Pessimisten Trübsal blasen. Für den Optimisten ist das Leben kein Problem, sondern bereits die Lösung. Er ist wach für die Kostbarkeiten des Augenblicks.

 Verstehen kann man das Leben nur
rückwärts. Leben muß man es aber
vorwärts.

Sören Kierkegaard, 1813 – 1855

Selbstbewußtsein

Wir haben keine Komplexe; Komplexe haben uns. Darin sind die schwierigen Beziehungen der Kindheit und unseres späteren Lebens abgebildet, zumeist verdrängt.

Wie können wir uns selbst achten, wenn uns nicht ausreichend Achtung entgegengebracht wurde? Wie wollen wir uns selbst lieben, wenn wir Zuwendung oft nur als Gegenleistung für Wohlverhalten erfahren haben?

Wir können aber lernen, so damit umzugehen, daß uns diese Defizite nicht länger am Leben hindern. Selbstanklagen von innen her zu beenden, machen das Selbst sicher. Sie sind selbstbewußt, wenn Sie Ihren Wertmaßstäben vertrauen, wenn Sie anderen und sich Schwächen eingestehen können.

Immer wieder brauchen wir den Mut zum persönlichen Skandal. Er prägt und fördert unser Selbstvertrauen. Die Kunst, sich selbst zu lieben, offenbart Selbstbewußtsein. Es ist ein Fundament der Lebendigkeit und beweist Lebenswillen.

Die Furcht vor dem Du verrät mangelnde Selbstsicherheit. Ich suche nicht, ich finde nur. Was Pablo Picasso in diese Aussage kleidete, kann der programmatische Wegweiser sein, das Leben selbstbewußter zu bewältigen.

Ein jeder Mensch ist um des anderen
willen geschaffen und geboren.

Martin Luther, 1483 – 1546

Selbstlosigkeit

Sie kann Welten und Herzen bewegen.

Verantwortung ohne Selbstlosigkeit macht rücksichts-
los.
Gerechtigkeit ohne Selbstlosigkeit macht hart.

Wahrheit ohne Selbstlosigkeit macht intolerant.
Erziehung ohne Selbstlosigkeit macht widersprüch-
lich.

Klugheit ohne Selbstlosigkeit macht gerissen.
Ordnung ohne Selbstlosigkeit macht kleinlich.

Sachkenntnis ohne Selbstlosigkeit macht rechthabe-
risch.
Macht ohne Selbstlosigkeit macht gewalttätig.

Besitz ohne Selbstlosigkeit macht geizig.
Glaube ohne Selbstlosigkeit macht fanatisch.

Wozu leben wir, wenn wir in diesem Jahrtausend
nicht selbstloser werden, um der Gemeinschaft willen?

Ich suchte Gott
und fand ihn nicht.
Ich suchte mich selbst
und fand auch mich nicht.
Ich suchte meinen Nächsten
und fand – alle drei.

Talmud

Solidarität

Die Not der Welt darf uns nicht nur als stumme Zeugen in Anspruch nehmen. Sie fordert uns als Akteure der Solidarität. Sie ist die Quintessenz der Zivilisation, der maßgebliche Impuls für unser ethisches Handeln.

Nichts von allem, was uns widerfährt, geschieht von selbst. Es geht auf den Willen zur Solidarität zurück, der auf uns gerichtet ist. Geborgenheit und Nähe verlangen hoffnungsstiftende Solidarität.

So viele Seelen funken heute SOS. Und je freier wir leben, desto nötiger wird unser solidarischer Einsatz. Solidarität und Eigenverantwortung bedingen sich gegenseitig. Eine solidarische Gesellschaft zeichnet aus, daß die Gemeinschaft die soziale Bürgschaft für den Einzelnen übernimmt.

Das Überleben der Erde hängt an der Erkenntnis, daß alles mit- und untereinander verbunden ist. Solidarität üben heißt teilen. Sie schenkt der Freundschaft, der Nachbarschaft, der Partnerschaft und jeder Form von Gemeinschaft eine Zukunft.

Solidarität mehrt und fördert. Sie hilft und baut auf. Sie verbündet sich und tritt ein. Sie solidarisiert sich und läßt Betroffenheit zu. Sie bereichert mein Leben und erweitert mein Denken. Die Kultur der Solidarität beginnt in den Herzen der Menschen.

In uns selbst liegen die
Sterne unseres Glücks.

Heinrich Heine, 1797 – 1856

Spontaneität

Spontaneität bedeutet, fähig zu sein, das zu tun, wonach Sie sich im Augenblick sehnen. Sie überraschen sich selbst, weil Sie von der Routine in Ihrem Alltag eine nicht vorgesehene Freude abzweigen.

Sie haben den Mut, Ihrer Intuition zu folgen. Sie zeigen Spontaneität und Unbeschwertheit, weil Sie Ihrer selbst sicher sind. Dann sehen Sie auch, daß Probleme existieren, um gelöst zu werden, indem wir uns weiterentwickeln. Betrachten wir sie als Chancen zum Wachstum.

Augenblicke, in denen wir Spontaneität zulassen, bleiben unvergessen. Sie selbst leben flexibel, aber nicht unüberlegt impulsiv. Sie werfen den vermeintlichen Zwang ab, einem vorbestimmten Lebensstil folgen zu müssen. Sie verabschieden Ansichten, die das Heute verzerren.

Ich bin sicher, daß uns die Schöpfung an den Platz stellt, wo sie uns in ihrem Motivationsplan braucht. Fortschritt ist und bleibt die Herausforderung, durch Spontaneität Utopien zu verwirklichen.

Genialität ist nichts anderes als
die Fähigkeit zum Staunen.

Georges Buffon, 1701 – 1788

Staunen

Der Beginn allen Erkennens ist das Staunen. Wer staunen kann, ist lebendig. Ich kann mich spontan freuen und staunen über Unerhofftes, Unverdientes, Unergründliches.

Die Fähigkeit zu staunen ist eine der wirkungsvollsten Anregungen für unser Immunsystem. Darum unternehme ich alles, um diese Tugend in mir zu stärken. Ich empfinde tiefer. Ich spüre Verborgenes in mir auf.

Die Entwicklung der Persönlichkeit ist das erregendste Abenteuer des Lebens. Ihre Bereitschaft zu staunen läßt Sie Wunder vollbringen. Sie sind nicht länger von Vorurteilen gefesselt. Sie folgen dem Impuls des Augenblicks. Sie leben Ihre Träume und träumen nicht Ihr Leben.

Sie sind dann auch nicht traurig, wenn keineswegs alle Träume sich erfüllt haben. Arm ist nur, wer nie geträumt hat. Das Leben kennt keine absolute Vollkommenheit. Und das ist gut so.

Aber Menschen sind allemal interessanter als ihre gesellschaftsfähigen Verhaltensweisen und genehmigten Gefühle. Rilke bekannte: Vergessen Sie nicht; das Leben ist eine Herrlichkeit. Was bedeutet das für uns? Wer staunt, kann das Leben küssen.

Ich schöpfe meine Kühnheit
aus meiner Aufrichtigkeit.

George Sand, 1804 – 1876

Treue

Warum möchten so viele von uns einander treu bleiben? Treue zu einer Person, zu einer Sache, zu einer Lebenseinstellung entspricht dem menschlichen Grundbedürfnis, Beziehungen einzugehen.

Treue ist eine notwendige Form von Achtung. Sie ist das Bekenntnis, daß der Partner etwas Außergewöhnliches ist, weil wir Menschen den Hang zur Exklusivität haben.

Treue gewährleistet, daß die Partner etwas Besonderes teilen. So können sie entspannt bleiben und müssen sich nicht ständig beweisen. So wächst Vertrautheit durch emotionale Geborgenheit und erfüllte Sexualität.

Anerkennung gibt Bestätigung; Achtung bedeutet Wertschätzung. Treue erkennt die Bedürfnisse, Werte und Rechte des Partners an. Sie mißt ihm dieselbe Bedeutung zu wie sich selbst. Treue hält die Veränderungen des Lebens aus.

Um eine Beziehung zu fördern, müssen wir lernen, unsere Unterschiede zu achten. Werden Mann und Frau einander zu ähnlich, geht auf Dauer die Anziehungskraft verloren. Um die Treue lebendig zu erhalten, müssen Unterschiede bewahrt werden. Dies eröffnet die Chance, miteinander, aneinander und füreinander zu wachsen.

Je reicher man an Urteilen ist, desto ärmer wird man an Vorurteilen.

Henry Miller, 1891 – 1980

Urteil

Zu rasch urteilen wir über Menschen, die uns begegnen. Jeder hat auch liebenswerte Eigenschaften, die wir nicht durch Vorurteile oder negative Ersteindrücke entwerten sollten.

Geringe Selbstachtung, Selbsttäuschung, Trugschlüsse, Vorurteile: sie gelten als klassische Fehlleistungen der Urteilsbildung. Sie öffnen den Weg zu gefährlicher Manipulation.

Haben wir von anderen eine schlechte Meinung, steckt meist eine Portion Selbsthaß dahinter. Solche Urteile sind eine Projektion unserer Selbsteinschätzung auf andere. Sie bergen den Keim eigener Zerstörung.

Leben wir in Harmonie und Liebe zu uns und unserer Umwelt. Das Gute für andere zu wollen, das wahre Wohlwollen wird uns selbst glücklich machen und bereichern.

Wir freuen uns am Erfolg des Nächsten. Er ist die ewige Jugend in der Destruktion unserer Zeit. Dieser ethisch-moralische Kanon wird mehr als jedes Urteil unsere Gesellschaft mit Frieden segnen.

Wir sind nicht nur verantwortlich
für das, was wir tun, sondern auch
für das, was wir nicht tun.

Jean-Baptiste Molière, 1622 – 1673

Verantwortung

Verantwortung heißt Mut zum Vorbild, und zur Neugierde statt Sattheit. Dies bedeutet, bei der Wahrheit zu bleiben, Fakten nicht unter den Teppich zu kehren, Aufgaben wahrzunehmen und anzupacken, Potentiale und Kräfte zu nutzen.

Zu erforschen, was möglich ist.
Nicht nur zu hören, was nicht geht.
Grenzen zu sprengen,
Vorurteile zu überwinden.

Verantwortung bedeutet Toleranz und Offenheit für Buntes und Kreatives. Nicht wegsehen, sondern anfangen. Weniger abseits stehen, sondern frischen Wind zulassen. Einfluß auf unser aller Zukunft nehmen.

Der Schlüssel zu einer gelungenen Beziehung besteht darin, daß beide Partner Verantwortung übernehmen. Dies ist das Gegenteil von Opferhaltung.

Opfer meinen, sie seien nicht verantwortlich für das, was ihnen widerfährt, oder wie sie sich fühlen. Sie unterdrücken oft ihren Ärger und geheime Ressentiments, statt diese in gegenseitiger Kommunikation auszuräumen.

Leben heißt, sich zu verändern.
Vollkommen sein heißt, sich oft
verändert zu haben.

John Henry Newman, 1801 – 1890

Vergebung

Vergebung ist die Abrüstung des Herzens. Ein Mensch muß vergeben können. Durch seine eigene Fehlbarkeit weiß er um die motivierende Kraft des Verzeihens.

Statt Schuldgefühle zu nähren, vergeben wir uns selbst und den uns begegnenden Menschen. So bauen wir Verbitterung ab. Sie ist geronnene Enttäuschung, mit der wir uns nicht länger herumschlagen werden.

Vergebung ist gewonnene Lebensenergie, wenn wir alten Ballast abwerfen und uns für eine bessere Zukunft öffnen. Vergebung ist Askese für mehr Lebensqualität.

Wieviel Vergebung braucht der Mensch?
Soviel, wie er Liebe braucht.
Und wieviel empfängt er?
Soviel, wie er liebt.

Liebe mich, wenn ich es am wenigsten verdiene, denn dann habe ich es am nötigsten. Dies ist mein Hilferuf und die Hoffnung an Dich!

 Es liegt in der menschlichen Natur, vernünftig zu denken und unlogisch zu handeln.

Anatole France, 1844 – 1924

Verletzlichkeit

Wachsame und konstruktive Menschen tragen Konflikte aus. Was würde geschehen, wenn wir aufhörten, krampfhaft nur nach Harmonie zu streben? Wir können darauf vertrauen, daß alles für uns Angemessene ohnehin darauf wartet, gefunden zu werden.

Wir erweisen einer aufkeimenden Verbindung keinen Gefallen, wenn wir dem goldenen Kalb der Konfliktlosigkeit nacheifern. Offenheit wird zur beziehungsstiftenden Kraft. Halbherzigkeit verhindert den ersehnten Kontakt. Sie fördert Unverbindlichkeiten und den Glauben, daß wir uns nicht aushalten können.

Zeigen Sie vielmehr Verletzlichkeit. Sie erlangen so emotionales Wachstum. Sie beginnen eine lohnende Entdeckungsreise nach innen. Sie wagen sich auf ungeschütztes Terrain Ihrer wahren Gefühle.

Jeder von uns ist mit der Fähigkeit zur Selbstliebe und Verletzlichkeit geboren. Damit ist er imstande, andere zu lieben, aber auch zu kritisieren. Nur so kann er sich der Liebe angstfrei und verletzlich überlassen. Er nimmt sein Leben bewußt in die Hand, und bleibt dennoch sensibel und verletzlich für Partner und Mitmenschen.

Vertrauen ist die größte
Selbstaufopferung.

Friedrich Hebbel, 1813 – 1863

Vertrauen

Vertrauen ist Hingabe. Wer vertraut, liefert sich aus. Ohne Vertrauen muß jede Gemeinschaft, jede Partnerschaft scheitern. Vertrauen Sie den Menschen, damit sie wiederum Ihnen vertrauen. Nichts wirkt motivierender.

Vertrauen ist der feste Glaube in die Fähigkeit, Integrität, Zuverlässigkeit und Ernsthaftigkeit unserer Partner. Ohne Vertrauen werden wir den Absichten des anderen nicht gerecht. Vertrauen heißt auch, daß es eine plausible Erklärung für eine Irritation, für eine Kränkung geben muß.

Statt an das Leben zu glauben, säen wir Mißtrauen, wenn wir alles kontrollieren wollen. Vertrauen in die eigenen Fähigkeiten zu entwickeln bedeutet, die Zuversicht zu mehren. Vertrauen in das Leben zu vermitteln, ist die beste Vorsorge.

Wenn wir vertrauen, ziehen wir verborgene Kräfte der Menschen an. Unzulänglichkeiten erinnern an die Endlichkeit und die Unvollkommenheit. Wir leben aus dem Vertrauen und keineswegs nur aus eigener Leistung.

Unmöglich? Man denkt: vieles. Doch wenn die Zeit gekommen ist, tut man das Unmögliche, weil es nicht anders geht.

Gwen Bristow, 1903 – 1980

Vision

Visionen sind keine Utopien, sondern Anleitungen zum Handeln. Ohne Visionen ertappen wir uns immer wieder beim Selbstmitleid. Dieses wiederum schränkt unsere Fähigkeit zum Glück ein.

Ohne Visionen kommen wir nicht aus der Traurigkeit heraus, wenn wir uns ständig den Puls fühlen, wie es Martin Luther andeutet. Ohne Visionen trainieren wir nur Opferlämmer.

Die Qualität unserer Ziele bestimmt die Qualität einer Zukunft. Vor jeder Zielsetzung steht eine Vision. Sie ist kein Traum, sondern der erste Schritt zur Tat. Visionen vermitteln Orientierung, regen an, beflügeln.

Visionen aufzubauen heißt, das Undenkbare zu denken. Nirgendwo wird sich evolutionär etwas zum Guten entwickeln, wenn es nicht von verantwortungsbewußten Köpfen und Herzen vorausgedacht wird.

Die Welt ist so leer, wenn man nur Berge, Flüsse und Städte darin denkt. Aber hie und da jemand zu wissen, der mit uns übereinstimmt, mit dem wir auch stillschweigend fortleben, das macht uns dieses Erdenrund erst zu einem bewohnten Garten.

Johann Wolfgang von Goethe, 1749 – 1832

Wärme

Was wären wir Menschen ohne unsere Emotionen? Wir haben ein Recht darauf. Ein Leben ohne sie wäre kaum vorstellbar. Aber ohne Gefühlsregungen verliert ein Dasein seinen Wert.

Die Fülle des Lebens muß mehr sein als die oft rauhe Wirklichkeit. Alltag wird erst Leben, wenn er auch das Unerwartete, unverdient Erhaltene einschließt. Es ist besser, im Leben oder in der Liebe zu irren, anstatt aus Angst vor Wärme oder vor Fehlern die Liebe zu vermeiden.

Wir sind immer unterwegs, um irgend etwas zu tun. Warum unternehme ich nichts, um einmal gar nichts zu tun? Die überreizte Psyche braucht immer wieder Schonkost. Eine schöpferische Pause hilft entschlacken. Wie den physischen Organen ergeht es auch der Seele.

Ohne Wärme werden die Kalender stets gefüllter und unsere Beziehungen immer leerer. Und je weniger Zeit ich für flache Unterhaltung vergeude, desto mehr bleibt für Menschen, die mich brauchen, auf die es mir ankommt. Vollwertkost statt Fast food.

Es gehört aber zum Wesen des Menschen, nicht ständig tiefgründig sein zu können. Nur so erreichen uns Wärme und Nähe.

Solche wähle zu Begleitern
auf des Lebens Bahn.
Die dein Herz und deinen
Geist erweitern.
Dich ermutigen, erheitern,
mit dir eilen himmelan.

Friedrich von Schiller,
1759 – 1805

Wohlbefinden

Unser persönliches Wachstum reflektiert den Dreiklang aus Haltung, Glaube und Wahrnehmung. Der Glaube hält Ihre Rituale aufrecht, und diese wiederum verstärken unseren Glauben.

Erwarten wir von jedem Tag Gutes. Bei unseren Handlungen versuchen wir, das Wohl aller Menschen in das Blickfeld zu nehmen. Ist unser Glaube nur ein künstliches Trockengesteck anstelle duftender Blumen?

Religiöse Heilsgeschichte, die sich gleichgültig gegenüber dem Drama der Weltgeschichte verhält, zerstört Geborgenheit und Wohlbefinden.

Wenn wir dieses Denkmuster pflegen, wird sich ein inneres Gefühl des Wohlbefindens entwickeln. Es ist von der Überzeugung getragen, daß jedem Menschen ein Wert an sich innewohnt. Er verdient deshalb Wertschätzung und keine Vorurteile.

Vertrauen wir diesem Wohlgefühl. Wir werden hautnah die Verzückung der Schöpfung spüren. Sie ist das von Gott gesandte Feuer.

Wenn du mich anschaust,
sitze ich in der Sonne.

Fjodor Dostojewski, 1821 – 1881

Zärtlichkeit

Alles im Leben beginnt mit Gedanken. Zärtliche Gedanken sind Kräfte. Wer sich selbst genügt, vergeudet sich. Er konkurriert mit anderen, statt sich ihnen zärtlich zu schenken. Er verliert sich, statt Nähe zu finden. Er pflegt Herrschaft statt Kameradschaft.

Es geschieht in dieser Welt so vieles ohne sichtbaren Sinn. Nichts jedoch ist sinnlos. Alles hat einen Wert an sich, auch wenn ich ihn (noch) nicht erspüre, empfinde. Zärtlichkeit hat immer ihren Sinn, weil wir darin unsere Mitmenschlichkeit erkennen.

Wenn ich zärtlich sein will, frage ich mich abends, in wessen Leben ich heute ein Licht gebracht habe. Zärtlichkeit hat einen langen Atem. Sie ist nie atemlos. Sie ist der sorgsame Umgang mit dem eigenen Leben. Sie kann nicht ohne Liebe zu sich und zum Nächsten geübt werden.

Zärtlichkeit ist eine Aussage innerer Zuwendung. Sie beginnt im Zuhören-Können und vollendet sich im Zuhören-Wollen. Sie ist Einfühlungsvermögen und die Bereitschaft, auf den anderen einzugehen.

Schwesterlichkeit und Brüderlichkeit sind immer Ausdruck zärtlicher Empathie bis hin zur Selbstvergessenheit. Zärtlichkeit ist der Inbegriff der Freude über jede Kreatur. Sie ist letztlich der Maßstab unserer Liebesfähigkeit.

Alle menschlichen Fehler
sind Ungeduld.

Franz Kafka, 1883 – 1924

Zeit

Ich bitte um Kraft und Maß, daß ich nicht durch das Leben eile, sondern den Tag vernünftig einteile. Auf Lichtblicke und Höhepunkte achte, und wenigstens hin und wieder Zeit finde für einen kulturellen Genuß. So sah Antoine de Saint-Exupéry sein Zeitmanagement.

Zeit zu nutzen bedeutet, dem Leben Augenblick für Augenblick zu begegnen und es ganz in sich aufzunehmen. Dann werden wir nicht länger Versäumnisängste zu beklagen haben.

Sie wissen, was auf dieser Welt wirklich wichtig ist. Sie setzen im beruflichen Alltag wie im Privatleben Qualitätsziele und Prioritäten. Täglich nehmen Sie sich Zeit für sich. Sie verschieben nicht das Leben. Sie versuchen, Ihr Dasein zu vereinfachen und Unnützes zu entrümpeln.

So planen Sie bewußt Stunden zum Verweilen, Träumen, Schweigen, Zuhören, Schauen, Vergeben, Staunen, Lesen. Ihnen kommt es auf die Qualität der Zeit an, weniger auf die Quantität, wenn Sie sich Freiräume schaffen.

Nichts ist jemals ganz erobert.
Alles muß täglich von neuem
erkämpft werden, oder es geht
verloren.

Romain Rolland, 1866 – 1944

Zukunft

Die Zeit ist nicht einfach Vergänglichkeit, endloses Gleiten. Sie drängt zum Ziel. Das erst gibt der Zeit ihre fühlbare Wucht. Das verleiht der Zukunft den letzten Ernst.

Sie entwickeln Visionen für Menschen, die Ihnen anvertraut sind. Sie versuchen den Wertewandel vorauszudenken. Ihr Wirken ist humanistisch geprägt und von menschlicher Wärme getragen.

Gemeinsame Verantwortung kann nicht entstehen, wo Überheblichkeit herrscht; wo der Überzeugung gefrönt wird, Erfolg sei unteilbar. Keine blasphemischen Selbstzweifel einer wehleidigen Zeit, sondern einsatzbereiter Optimismus lassen die Zukunft reifen.

Zukunftsträchtiges Handeln verlangt ernsthafte Rechenschaft über unseren persönlichen Glauben und unser gemeinschaftliches Hoffen.

So komme, was da kommen mag.
Solang' du lebest, ist es Tag.
Und geht es in die Welt hinaus,
wo du mir bist, bin ich zu Haus.
Ich seh' dein liebes Angesicht,
ich seh' der Zukunft Schatten nicht.

Theodor Storm, 1817 – 1888

Zuversicht

Woher kommt es, daß wir so oft nekrophilen Menschen und so wenig biophilen Zeitgenossen begegnen? Weil uns die Gelassenheit verlassen hat.

Ohne Gelassenheit verliert unser Planen den Überblick. Ohne Gelassenheit mangelt es an der Fähigkeit, Wichtiges von Zweitrangigem zu unterscheiden.

Die Mutter der Zuverlässigkeit ist Gelassenheit. Sie schätzt das Machbare, das Zumutbare, das Belastbare, das Mögliche ab. Ohne Gelassenheit geht die Kunst verloren, im Beruf wie im Privatleben Prioritäten zu setzen.

Gelassenheit des Herzens verleiht dem Leben, der Arbeit ein unerschöpfliches Maß an Beschwingtheit. Innere Freiheit ist die Gelassenheit einer starken Seele.

Eine solche Unbeschwertheit ist die anmutige Form des Selbstbewußtseins. Sie bedeutet Souveränität. Sie ist Überlegenheit in Verlegenheit.

Die Welt braucht Sie

Was nun, verehrte Leserin, lieber Leser?
Sie haben mich mit den MAXIMEN DER NÄHE bis
hierher begleitet. Damit wird es Ihnen gelingen, ab
heute jedem Menschen zu begegnen.

Wer eine Haltung verändern will, muß bei sich
beginnen, über den eigenen Schatten zu springen, die
Grenzen von Vorurteilen zu sprengen. Dazu gehört
auch das Loslassen vermeintlicher Sicherheiten.

MAXIMEN DER NÄHE wollen Hoffnung vermitteln,
weil Hoffnung die Tagträume wacher Menschen sind.
Ein Geheimnis der Partnerschaft ist, den Standpunkt
des anderen zu verstehen. Jede Zuwendung schenkt
körperliches und seelisches Wohlbefinden.

Es gibt keine Zufälle. Sie liegen vielmehr in der
Programmierung Ihres Denkens begründet. Jede Arbeit
mit anderen setzt Arbeit an sich selbst voraus. Solange
wir nicht vergeben, hoffen wir vergebens. Es liegt an
Ihnen, an jedem von uns, daß es allen besser gehen
wird.

Ihr persönliches Wachstum wird Sie bereichern und mit
Liebe beschenken. Lassen Sie jeden neuen Tag in einer
Choreographie vollenden, zu Impulsen für ein
erfüllteres Leben werden!